EXERCICES
DE grammaire
EN CONTEXTE

CORRIGÉS

Niveau intermédiaire

Anne Akyüz
Bernadette Bazelle-Shahmaei
Joëlle Bonenfant
Marie-Françoise Flament
Jean Lacroix
Daniel Moriot
Patrice Renaudineau

EUROCENTRES

Pour découvrir nos nouveautés,
consulter notre catalogue en ligne,
contacter nos diffuseurs, ou nous écrire,
rendez-vous Internet :

www.hachettefle.fr

Couverture : Christophe et Guylaine Moi

Maquette intérieure et réalisation :

ISBN 978-2-01-155148-1

Sommaire

CHAPITRE 1
LES VERBES AU PRÉSENT

■ Exercice 1
1. Nous.
2. Elles.
3. Vous.
4. Je / Tu.
5. On/Il.
6. Ils.
7. Nous.
8. Je.
9. Vous.
10. Tu / Je.

■ Exercice 2
1. se lève.
2. commençons.
3. mangeons.
4. me promène.
5. voyageons.
6. bougeons.

■ Exercice 3
1. travaillent.
2. étudient.
3. oublient.
4. jouent.
5. appellent.
6. tutoient.
7. crient.
8. jettent.
9. se lèvent.
10. entre.

11. nettoient.
12. remercient.
13. travaillons.
14. emmène.
15. espère.

■ Exercice 4
1. s'en vont.
2. t'en vas.
3. s'en va.
4. vous en allez.
5. m'en vais.
6. s'en va.
7. s'en va.
8. m'en vais.

■ Exercice 5
1. choisissez.
2. réfléchissez.
3. éclaircis.
4. agrandissons.
5. finis.
6. réussissent.

■ Exercice 6
1. grossis, gros.
2. grandissent, grand.
3. rougit, rouge.
4. maigris, maigre.
5. rajeunit, jeune.
6. blondissent, blond.
7. vieillissons, vieux.

■ Exercice 7
1. ils / elles, font, vous, faites, faire.
2. vous, buvez, ils / elles, boivent, boire.
3. je, me souviens, vous, vous souvenez, se souvenir.
4. j' / tu, éteins, vous, éteignez, éteindre.
5. tu, t'inscris, ils / elles, s'inscrivent, s'inscrire.
6. nous, recevons, il / elle / on, reçoit, recevoir.
7. vous, mettez, ils / elles, mettent, mettre.

■ Exercice 8
1. court.
2. découvre.
3. fais.
4. prennent.
5. lit.
6. éteignons.
7. reçoivent.
8. revenez.

■ Exercice 9
1. deviennent.
2. reviennent.
3. croyez.

4. prévient.

5. prévoit.

6. viens.

7. se souviennent.

Exercice 10

1. sont.

2. vas.

3. pars.

4. a.

5. partons.

6. prenons.

7. revenons.

8. viennent.

9. sont.

10. vont.

11. reprennent.

12. faites.

Exercice 11

1. Ils sont en train de jouer.

2. Il est en train de dormir.

3. Elle est en train de téléphoner.

4. Ils sont en train de se préparer.

5. Elle est en train de se reposer.

6. Je suis en train de travailler.

7. Je suis en train de chercher.

Exercice 12

1. suis en train de travailler.

2. suis en train de préparer le repas.

3. est en train de prendre sa douche.

4. suis en train de téléphoner.

5. suis en train de regarder les informations.

BILAN

Exercice 1

1. cherchons.

2. savez.

3. est.

4. tournez.

5. avancez.

6. prenez.

7. suivez.

8. prenons.

9. longeons.

10. continuez.

11. voyez.

Exercice 2

1. déménageons.

2. changeons.

3. va.

4. part.

5. fait.

6. remplaçons.

7. vont.

8. veut.

9. est.

10. choisissons.

11. essayez.

12. emmène.

Exercice 3

1. nous adorons.

2. habitons.

3. nous appelons.

4. nous entendons.

5. avons.

6. nous séparons.

7. sommes.

8. nous retrouvons.

Exercice 4

1. viennent.

2. suis en train de lire.

3. arrivent.

4. sommes en train de déjeuner.

5. se met.

6. sont en train de faire.

7. se battent.

8. suis en train de faire.

9. appelle.

10. est en train de regarder.

CHAPITRE 2
LES TEMPS DU PASSÉ

■ **Exercice 1**
1. venir.
2. éteindre.
3. asseoir.
4. mettre.
5. naître.
6. lire.
7. offrir.
8. plaire.
9. rire.
10. sortir.

■ **Exercice 2**
1. écrit.
2. appris.
3. conduit.
4. plaint.
5. vécu.
6. perdu.
7. trouvé.
8. reçu.
9. pu.
10. couvert.
11. rentré.
12. mort.
13. peint.
14. ri.
15. plu.

■ **Exercice 3**
1. Il n'a téléphoné à personne.
2. Il n'a rien dit à ses copains.
3. Ses professeurs ne l'ont pas vu à l'école.
4. Sa sœur n'a pas voulu donner d'explications.
5. Il ne s'est jamais confié à ses amis.
6. Ses amis n'ont rien compris à cette histoire.
7. Ses parents n'ont pas encore appelé la police.

■ **Exercice 4**
1. s'est passé.
2. se sont bien amusés.
3. s'est fait.
4. vous êtes promenés.
5. nous sommes baladés.
6. nous sommes baignés.
7. s'est mise.

■ **Exercice 5**
1. est partie.
2. s'est levée.
3. a pris.
4. est arrivée.
5. est allée.
6. a rencontré.
7. a déjeuné.

8. s'est rendue.
9. a visité.
10. a pu.
11. a discuté.
12. a participé.
13. a prononcé.
14. a repris.
15. a retrouvé.

■ **Exercice 6**
1. nous attendons, attendait.
2. nous comprenons, compreniez.
3. nous connaissons, connaissaient.
4. nous croyons, croyions.
5. nous écrivons, écrivait.
6. nous éteignons, éteignais.
7. nous faisons, faisais.
8. nous finissons, finissait.

■ **Exercice 7**
1. étions.
2. était.
3. ne travaillait pas.
4. ne déjeunions pas.

5. rentrions.
6. mangeait.
7. étaient.
8. ne se passait pas.
9. étais.
10. parlaient.

Exercice 8
1. étaient.
2. avait.
3. chantaient.
4. criaient.
5. buvaient.
6. dansaient.
7. pleuraient.
8. s'embrassaient.
9. partageait.
10. était.

Exercice 9
1. vivaient.
2. coûtait.
3. n'existait pas.
4. faisait.
5. ne votaient pas.
6. mettait.

Exercice 10
1. était.
2. nous promenions.
3. riaient.
4. discutaient.
5. marchions.
6. regardions.

7. venait.
8. préparais.
9. parlions.
10. était.

Exercice 11
1. e.
2. b.
3. c.
4. a.
5. g.
6. f.
7. d.

Exercice 12
1. était.
2. faisait.
3. rentrais.
4. n'y avait pas.
5. ai entendu.
6. me suis retournée.
7. ai reçu.
8. me suis évanouie.
9. était.
10. étais.
11. regardais.
12. lisait.
13. dormaient.
14. a poussé.
15. me suis levé.
16. ai ouvert.
17. ai vu.
18. frappait.
19. ai crié.
20. s'est enfui.

Exercice 13
1. d.
2. a.
3. f.
4. b.
5. c.
6. e.

1. ai suivi, ai appris.
2. s'est inscrit.
3. a arrêté.
4. ai fait, ai supprimé.
5. avons repeint, avons changé, avons mis.
6. ai décidé.

Exercice 14
1. traversait, est arrivée.
2. se promenait, a commencé.
3. regardais, ai entendu.
4. était, regardait, a entendu.
5. faisais, y a eu.
6. nous sommes rencontrés / nous sommes rencontrées, sortais.

Exercice 15
1. g.
2. a.
3. f.
4. c.
5. h.
6. b.
7. d.
8. e.

Exercice 16

1. Nous venons d'emménager dans un nouvel appartement.
2. Ma femme vient d'acheter nos nouveaux meubles.
3. Ma fille vient de signer son premier contrat de travail.
4. Mon fils vient d'entrer à l'université.
5. Nous venons d'acheter une voiture neuve.
6. Ma sœur vient d'avoir un petit garçon.
7. Mon père vient de partir à la retraite.

BILAN

Exercice 1

1. a eu lieu.
2. était.

3. gênait.
4. roulait.
5. n'a pas pu.
6. traversait.
7. est arrivée.
8. a freiné.
9. a heurté.
10. est tombé.
11. lavait.
12. a téléphoné.
13. sont arrivés.
14. était.
15. ont décidé.

Exercice 2

1. sommes arrivés / sommes arrivées.
2. avait.
3. avons demandé.
4. n'a pas pu.
5. avons posé.
6. savait.
7. avons attendu.
8. ont fait.
9. n'ont pas donné.
10. a éclaté.

11. dormait.
12. entendait.
13. n'était pas.
14. est sorti.
15. a allumé.
16. a fermé.
17. s'est recouché.
18. faisions la queue.
19. nous sommes aperçus.
20. n'avions pas.
21. avons dû.
22. sommes revenus.
23. était.
24. n'était pas.

Exercice 3

1. n'as pas envoyé.
2. viens de la faxer.
3. as réservé.
4. a appelé / vient d'appeler
5. l'a fait.
6. a eu.
7. n'y avait plus.
8. a pris.

CHAPITRE 3
LE FUTUR PROCHE ET LE FUTUR SIMPLE

■ **Exercice 1**
1. Je vais rester chez moi et lire.
2. Marc va sortir pour se promener.
3. Nous allons ranger la maison.
4. Je ne vais rien faire.
5. Les enfants vont aller chez des copains.
6. Elle ne va voir personne.

■ **Exercice 2**
1. allez tomber.
2. vas te couper.
3. allez vous faire mal.
4. vas le casser.
5. vas glisser.
6. n'allons pas avoir.
7. vais me mettre.
8. va avoir.
9. n'allez pas vous souvenir.
10. allons rater.

■ **Exercice 3**
1. allez faire.
2. vais aller.
3. vais m'inscrire.
4. allons étudier.
5. vais améliorer.

6. va apprendre.
7. vais aider.
8. vais traverser.
9. va s'arrêter.
10. vais finir.
11. vais me reposer.

■ **Exercice 4**
1. appelleront.
2. jouerez.
3. paieras.
4. suivrons.
5. s'ennuiera.
6. pourront.
7. courra.
8. saurai.
9. jetteras.
10. nous dépêcherons.

■ **Exercice 5**
1. recevras.
2. se promènera.
3. jettera.
4. m'ennuierai.
5. nous lèverons.
6. tiendrai.
7. paieront / payeront.
8. achèterez.
9. saurai.
10. appellera.
11. essaieras / essayeras.
12. pourrai.

■ **Exercice 6**
1. Vous passerez des vacances inoubliables.
2. Chaque jour, vous ferez de belles découvertes.
3. Ils vous feront découvrir des paysages splendides.
4. Le soir, vous vous amuserez entre amis.
5. Les gens de la région vous inviteront à des fêtes.
6. Ce magnifique pays (pays magnifique) n'aura plus de secrets pour vous.

■ **Exercice 7**
1. prendrons.
2. nous réunirons.
3. ne partirons pas.
4. devrons.
5. conduira.
6. arriverons.
7. durera.
8. déjeunerons.
9. serez.
10. faudra.
11. nous retrouverons.
12. offrira.

Exercice 8
1. prendra.
2. achèterai.
3. appellera.
4. réserverai.
5. téléphonerai.
6. apporteront.

Exercice 9
1. sera.
2. pleuvra.
3. se déplaceront.
4. atteindront.
5. sera.
6. aura.
7. tombera.
8. commenceront.
9. s'étendront.
10. trouvera.
11. fera.

Exercice 10
1. adorera.
2. chantera.
3. dansera.
4. grandira.
5. épousera.
6. vivront.
7. mourra.
8. restera.
9. se piquera.
10. s'endormira.
11. réveillera.
12. aimera.

Exercice 11
1. ne serai pas en retard.
2. téléphonerai.
3. ferai.
4. t'emmènerai.
5. ira.
6. partirons.

Exercice 12
1. viens, ferai.
2. fais, préparerai.
3. prépare, féliciteras.
4. félicites, serai.
5. suis, sourirai.
6. nous sourions, sera.

Exercice 13
1. allez, verrez.
2. pourrez, aimez.
3. voulez, sera, paierez / payerez.
4. vous promenez, trouverez.
5. vous sentirez, n'avez pas l'habitude.
6. aimez, quitterez.

Exercice 14
1. vas tomber.
2. va arriver.
3. serai, travaillerai.
4. vas te faire mal.
5. vais t'aider.

6. va falloir.
7. auront, travailleront.
8. allons manquer.

Exercice 15
1. Non ! On n'en discutera pas !
2. Non ! Il ne lui dira pas !
3. Elle va peut-être te / vous raconter ?
4. Non ! Ils ne nous / vous expliqueront pas !
5. Tu vas peut-être changer d'avis ? / Vous allez peut-être changer d'avis.
6. Non ! Nous n'en parlerons pas ! / Non ! On n'en parlera pas ! / Non ! Vous n'en parlerez pas !

BILAN

Exercice 1
1. allons partir.
2. va décoller.
3. volerons.
4. irons.
5. permettent.
6. durera.
7. atterrirons.

8. vont faire.
9. vont servir / serviront.
10. souhaite.

■ **Exercice 2**
1. va falloir / faudra.
2. sera.
3. pleuvra.

4. apparaîtront.
5. fait.
6. ne camperons pas.
7. irons.
8. nous organiserons.
9. prépare / vais préparer.

■ **Exercice 3**
1. ne faudra pas.

2. ferez.
3. laisserez.
4. aimez.
5. ne les porterez pas.
6. vont nous interroger.
7. le revoyez.
8. réussirez.
9. allons le réviser.
10. êtes.
11. n'y aura pas.

CHAPITRE 4
LES EXPRESSIONS DE TEMPS

■ Exercice 1
1. jusqu'en.
2. à partir du, jusqu'au.
3. à partir de, jusqu'à.
4. jusqu'au.
5. à partir de.
6. à partir de, jusqu'à.

■ Exercice 2
1. le.
2. Ø.
3. Ø.
4. le.
5. le.
6. cette.
7. Ø.
8. Ø.
9. Le.
10. Ø.
11. ce.
12. Ø.
13. la.

■ Exercice 3
1. Le, en.
2. En, Le.
3. À, le.
4. en.
5. en, au, à, à, en, au.

■ Exercice 4
1. il y a.
2. il y a.
3. il y a.
4. dans.
5. il y a.
6. dans.

■ Exercice 5
1. il y a.
2. Le.
3. le.
4. de.
5. à.
6. Le.
7. le.
8. jusqu'à.
9. Dans.

■ Exercice 6
1. Cela fait seize ans qu'il conduit.
2. Il y a un an qu'il ne va plus à l'étranger.
3. Cela fait six mois qu'il a acheté un nouveau camion.
4. Il y a longtemps qu'il n'a pas eu d'accident.
5. Il y a quelques mois qu'il a mal au dos.
6. Cela fait seize ans qu'il a passé son permis de conduire.

■ Exercice 7
1. Depuis que.
2. depuis que.
3. Depuis.
4. depuis que.
5. Depuis.
6. Depuis que.
7. depuis.

■ Exercice 8
1. Pendant.
2. Pendant.
3. Pendant qu'.
4. Pendant que.
5. Pendant que.
6. Pendant qu'.
7. pendant.

■ Exercice 9
1. depuis.
2. pendant.
3. pendant qu'.
4. pendant.
5. Depuis qu'.
6. depuis.
7. Depuis.

■ Exercice 10
1. en.
2. en.
3. pendant.
4. en.
5. pendant.

6. en.
7. pendant.

■ Exercice 11
1. pendant.
2. pour.
3. pendant que.
4. pendant.
5. pendant.
6. Pendant.
7. pendant que.
8. pour.

■ Exercice 12
1. *d.*
2. *a.*
3. *g.*
4. *b.*
5. *c.*
6. *f.*
7. *e.*

■ Exercice 13
1. Pendant combien de temps est-ce qu'il a étudié ?
2. Depuis combien de temps est-ce qu'il n'a pas pris de vacances ?
3. Pour combien de temps est-ce qu'il part en voyage ?
4. Depuis combien de temps est-ce qu'il a réservé ?
5. Dans combien de temps est-ce qu'il prend l'avion ?

■ Exercice 14
1. En combien de temps est-ce que tu te prépares ?
2. Combien de temps est-ce que tu mets pour venir ici ?
3. Depuis combien de temps est-ce que tu attends ?
4. Depuis quand est-ce que tu travailles dans cette entreprise ?
5. Pendant combien de temps est-ce que tu vas rester à Rome ?
6. Il y a combien de temps que tu as commencé ?
7. Pour combien de temps est-ce que tu pars à New York ?

BILAN

■ Exercice 1
1. en.
2. À.
3. en.
4. Pendant.
5. dans.
6. Quand.
7. Il y a.
8. Pendant.
9. Combien de temps.
10. dans.

■ Exercice 2
1. Depuis combien de temps.
2. En.
3. En.
4. À.
5. à.
6. à.
7. Depuis que.
8. pendant.
9. pour / pendant.
10. dans.
11. Il y a / Cela fait.

■ Exercice 3
1. depuis.
2. il y a.
3. pour.
4. à.
5. en.
6. en.
7. il y a.
8. pendant qu' / quand.
9. à.
10. à.
11. pendant.
12. dans.

CHAPITRE 5
L'INTERROGATION

■ Exercice 1
1. *h.*
2. *f.*
3. *e.*
4. *a.*
5. *b.*
6. *d.*
7. *c.*
8. *g.*

■ Exercice 2
1. Qu'est-ce que.
2. Où est-ce que.
3. Avec qui est-ce que.
4. Pourquoi est-ce que.
5. qu'est-ce que.
6. À quelle heure est-ce que / Quand est-ce que.
7. comment est-ce que.

■ Exercice 3
1. Avec quoi est-ce que.
2. Sur quoi est-ce que.
3. A quoi est-ce que.
4. Avec qui est-ce que.
5. Pour qui est-ce que.
6. Combien est-ce que.

■ Exercice 4
A/ a. *1.*
   b. *2.*
   c. *2.*
   d. *1.*
   e. *2.*
B/ a. *2.*
   b. *1.*
   c. *1.*
   d. *2.*
   e. *1.*

■ Exercice 5
1. qui est-ce qui.
2. qui est-ce que.
3. qui est-ce qui.
4. Qu'est-ce que.
5. qu'est-ce qui.
6. Qui est-ce que.
7. qui est-ce qui.
8. Qu'est-ce qui.

■ Exercice 6
1. Qu'est-ce que tu as découvert comme boutique ?
2. Qu'est-ce que tu as acheté comme manteau ?
3. Qu'est-ce que tu as visité comme galerie ?
4. Qu'est-ce que vous avez vu comme film ?
5. Qu'est-ce que vous avez trouvé comme restaurant ?

■ Exercice 7
1. Tu choisis quoi comme menu ?
2. Tu prends quoi comme apéritif ?
3. Tu veux quoi comme entrée ?
4. On commande quoi comme vin ?
5. Tu veux quoi comme légumes avec le steak ?
6. On prend quoi comme dessert ?

■ Exercice 8
1. Qu'est-ce qu'ils lisent comme journal ?
2. Ils font quoi comme sport ?
3. Qu'est-ce qu'ils jouent comme instrument ?
4. Ils prennent quoi comme boisson ?
5. Qu'est-ce qu'ils aiment comme livres ?

6. Ils portent quoi comme vêtements ?
7. Qu'est-ce qu'ils conduisent comme voiture ?

■ Exercice 9
1. Quelle.
2. Quel.
3. Quelles.
4. Quel.
5. Quel.
6. Quels.
7. Quelles.
8. Quelle.

■ Exercice 10
1. Lequel.
2. Laquelle.
3. lequel.
4. Lesquels.
5. Lesquelles.
6. Lesquelles.
7. Laquelle.
8. Lequel.

■ Exercice 11
1. Quelle.
2. Quelle.
3. Laquelle.
4. Lesquels.
5. Quel.
6. Lequel.

7. Lequel.
8. Laquelle.

■ Exercice 12
1. Avez-vous fait.
2. À quelle heure êtes-vous partis.
3. Comment êtes-vous allés.
4. Qu'avez-vous fait.
5. Combien de temps avez-vous attendu.
6. Avez-vous mangé.

■ Exercice 13
1. Comment vous appelez-vous ?
2. Que faites-vous dans la vie ?
3. Combien de langues parlez-vous ?
4. Pourquoi étudiez-vous le français ?
5. Allez-vous passer des examens ?
6. Où habitez-vous ?
7. Comment venez-vous à l'école ?
8. À quelle heure partez-vous de chez vous ?

■ Exercice 14
1. Quel temps fait-il.
2. Neige-t-il.

3. Peut-on.
4. Est-ce.
5. Faut-il.
6. Que me conseillez-vous.
7. Avez-vous.
8. Y a-t-il.

BILAN

■ Exercice 1
1. où.
2. qu'est-ce qu'.
3. Pourquoi est-ce qu'.
4. Avec qui est-ce qu'.
5. Où est-ce qu'.
6. quelle.
7. Où est-ce qu'.
8. Laquelle.
9. Qu'est-ce qui.
10. Où est-ce que.

■ Exercice 2
1. Comment vous appelez-vous ? / Comment est-ce que vous vous appelez ? / Quel est votre nom ?
2. Quel âge avez-vous ? / Quel âge est-ce que vous avez ?

3. Combien de frères avez-vous ? / Combien de frères est-ce que vous avez ?

4. Où travaillez-vous ? / Où est-ce que vous travaillez ?

5. Avec qui habitez-vous ? / Avec qui est-ce que vous habitez ?

6. Que faites-vous comme sport ? / Qu'est-ce que vous faites comme sport ?

7. Qu'aimez-vous comme livres ? / Qu'est-ce que vous aimez comme livres ?

8. Pourquoi cherchez-vous un / une correspondant(e) ? / Pourquoi est-ce que vous cherchez un / une correspondant(e) ?

■ **Exercice 3**

1. Qu'est-ce que.

2. Quand est-ce que.

3. Quels.

4. où est-ce qu'.

5. Combien est-ce que.

6. Est-ce que.

7. Comment est-ce que.

8. Est-ce que.

CHAPITRE 6
LA NÉGATION

■ Exercice 1
1. je n'aime pas le thé.
2. je ne fume pas.
3. je n'ai pas le temps.
4. je n'ai pas faim.
5. je ne bois pas d'alcool.

■ Exercice 2
1. je ne suis pas sorti.
2. je ne me suis pas levé tard.
3. je n'ai pas regardé la télévision.
4. je n'ai pas lu.
5. je ne me suis pas promené.
6. je n'ai pas étudié.

■ Exercice 3
1. Elle ne s'intéressait pas à son travail.
2. Elle ne s'inquiétait pas pour sa famille.
3. Elle ne s'habituait pas à ses collègues.
4. Elle ne s'occupait pas de son amie.
5. Et elle ne voulait pas aider son mari.

■ Exercice 4
1. ne pas parler de ses problèmes d'argent,
2. ne pas râler,
3. ne pas raconter ses malheurs,
4. ne pas se plaindre de ses collègues,
5. ne pas pleurer sur les difficultés qu'il rencontre dans son travail,
6. ne pas critiquer tout le monde.

■ Exercice 5
1. Il travaille le dimanche pour ne pas manquer d'argent.
2. Il étudie tous les soirs pour ne pas échouer à ses examens.
3. Il ne va pas à la discothèque avec ses amis pour ne pas être trop fatigué.
4. Il ne va pas au cinéma pour ne pas perdre de temps.
5. Il est toujours à l'heure aux cours pour ne pas déranger ses professeurs.
6. Il révise ses cours tous les jours pour ne pas prendre de retard.

7. Il se lève tôt pour ne pas arriver en retard à l'université.

■ Exercice 6
1. Non, je ne bois rien.
2. Non, je ne connais personne.
3. Non, rien ne m'intéresse.
4. Non, personne ne m'accompagne.
5. Non, je n'ai rien vu d'original.
6. Non, rien ne me plaît.
7. Non, je n'ai reconnu personne.

■ Exercice 7
1. il y a quelqu'un.
2. il n'y a personne.
3. Il y a quelque chose.
4. il n'y a rien.
5. il y a quelqu'un.
6. Il y a quelque chose.
7. il n'y a rien.
8. il y a quelqu'un.

■ Exercice 8
1. aucun.
2. aucune.
3. Aucun.

4. aucun.

5. aucun.

6. aucune.

■ Exercice 9

1. Il n'a aucune idée !

2. Il n'y a aucune place pour garer la voiture.

3. Je n'ai aucune boulangerie dans mon quartier.

4. Il n'y a aucun bus après 22 heures.

5. Le dimanche, vous ne trouverez aucun magasin ouvert dans ce quartier.

6. Tout est complet : il n'y a aucune réservation possible.

7. Désolé Madame, nous n'avons aucun pull en cachemire.

8. Vous n'avez aucun vol pour Nice après 23 heures.

■ Exercice 10

1. Personne ne l'aime.

2. Il ne s'intéresse à rien.

3. Aucun collègue ne l'admire.

4. Il ne parle à personne.

5. Rien ne lui plaît.

6. Il ne parle aucune langue scandinave.

7. Personne ne le trouve sympathique.

■ Exercice 11

1. n'... aucun.

2. n'… aucun.

3. n'… aucune.

4. n'... rien.

5. ne... personne.

6. ne... rien.

■ Exercice 12

1. Il n'écoute jamais ses employés.

2. Il n'arrive jamais avant eux.

3. Il n'a jamais de nouveaux projets.

4. Il n'est jamais aimable.

5. Il ne prend jamais le temps de parler avec ses collaborateurs.

■ Exercice 13

1. Il n'habite plus à La Rochelle ?

2. Il n'a plus sa BMW ?

3. Il ne fume plus ?

4. Il ne vit plus avec Corinne ?

5. Il ne travaille plus dans la même banque ?

6. il ne porte plus la barbe ?

■ Exercice 14

1. Je ne suis pas encore partie seule à l'étranger.

2. Il n'a pas encore voté.

3. Nous n'avons pas encore notre permis de conduire.

4. Elle n'a pas encore travaillé.

5. Je ne gagne pas encore d'argent.

6. Elles n'ont pas encore d'appartement.

■ Exercice 15

1. ne... pas encore.

2. ne... jamais.

3. ne... plus.

4. n'... pas encore.

5. n'... plus.

6. n'... pas encore.

7. ne... pas encore.

8. n'... jamais.

■ Exercice 16

1. *f.*

2. *d.*

3. *g.*

4. *a.*

5. *h.*

6. *b.*

7. *e.*
8. *c.*

■ Exercice 17

1. je ne fais que du tennis.
2. je n'achète que *Courrier International.*
3. ils n'apprennent que l'espagnol.
4. elle ne joue que de la guitare.
5. ils n'écoutent que du jazz.
6. nous ne regardons que les films / je ne regarde que les films.
7. je ne lis que des romans.

■ Exercice 18

1. Comment peut-il vivre sans argent ?
2. Comment pourras-tu réussir sans étudier ?
3. Comment pourras-tu téléphoner sans carte de téléphone ?
4. Comment peut-elle vivre à Paris sans parler français ?
5. Comment voulez-vous assister à cette réception sans invitation ?
6. Comment vas-tu taper ce rapport sans ordinateur ?

BILAN

■ Exercice 1

1. Il ne prend pas soin de ses vêtements.
2. Il ne veut jamais rencontrer mes amis.
3. Il ne sort jamais sans son chien.
4. Il n'invite personne chez lui.
5. Aucun voisin ne lui parle.

■ Exercice 2

1. Non, je n'étais pas chez moi.
2. Non, je n'étais avec personne.
3. Non, personne ne m'a vu.
4. Non, je ne suis pas rentré tard.
5. Non, il n'y avait personne.
6. Non, elle ne finit jamais très tard.
7. Non, je n'ai rien à ajouter.

■ Exercice 3

1. sans.
2. sans.
3. n'… pas.
4. ne… jamais / ne… pas.
5. ne… rien.
6. n'… pas / n'… jamais.
7. ne… personne.
8. ne… pas.
9. ne… pas / ne… jamais.
10. ne… rien.

CHAPITRE 7
L'ARTICLE

■ Exercice 1
1. un.
2. des.
3. une.
4. des.
5. une.
6. un.
7. un.
8. des.
9. une.
10. des.

■ Exercice 2
1. les.
2. l'.
3. l'.
4. le.
5. les.
6. le.
7. les.
8. le.
9. la.
10. le.
11. les.
12. la.
13. les.
14. l'.
15. le.
16. l'.

■ Exercice 3
1. une.
2. des.

3. le.
4. Des.
5. une.
6. la.
7. l'.
8. un.
9. la.
10. l'.
11. les.
12. une.

■ Exercice 4
1. des.
2. des.
3. des.
4. des.
5. de.
6. des.
7. d'.

■ Exercice 5
1. des.
2. de.
3. des.
4. des.
5. de.
6. des.
7. des.
8. des.
9. de.
10. de.

■ Exercice 6
1. des.
2. la.
3. un.
4. les.
5. Le.
6. une.
7. de.
8. la.
9. de.
10. les.

■ Exercice 7
1. au.
2. à la.
3. au.
4. à l'.
5. au.
6. aux.
7. à la.
8. au.

■ Exercice 8
1. aux.
2. au.
3. au.
4. à l'.
5. à l'.
6. au / à la.
7. aux.
8. à la.

Exercice 9
1. de la, au.
2. des, à la.
3. de l', à l'.
4. du, au.
5. De l', à l'.
6. De l', à l'.
7. de l', à l'.
8. de la, aux.

Exercice 10
1. Du... à la.
2. De la... à la.
3. De l'... à la.
4. De la... à la.
5. Du... au.
6. Du... à l'.
7. De la... à la.
8. Des... aux.

Exercice 11
1. de la farine, de l'eau, du sel, du poivre, du fromage.
2. de l'encre, du papier, de l'inspiration, de la colle, des photos.

Exercice 12
1. un cahier d'exercices.
2. un sac de pommes de terre.
3. un verre de vin.
4. une bouteille d'eau.
5. une boîte d'aspirine.
6. un livre d'images.
7. un paquet de mouchoirs.

Exercice 13
1. d'.
2. de.
3. de.
4. de.
5. d'.
6. de.
7. de.
8. d'.

Exercice 14
1. des.
2. du.
3. de.
4. de.
5. des.
6. de.
7. de la.

Exercice 15
1. de.
2. de l'.
3. des / du.
4. des.
5. de.
6. d'.
7. de.
8. de la.

Exercice 16
1. Vous ne devez pas boire de coca.
2. Vous ne devez pas mettre de sel.
3. Vous ne devez pas ajouter de sucre.
4. Vous ne devez pas consommer de crème fraîche.
5. Vous ne devez pas prendre de café.
6. Vous ne devez pas manger d'omelette.
7. Vous ne devez pas manger de pâtes.

Exercice 17
1. pas le.
2. pas une.
3. pas de. pas le.
4. pas la. pas de.
5. pas des. pas de.

BILAN

Exercice 1
1. un.
2. des.
3. des.
4. d'.
5. de.
6. une.
7. d'.
8. les.

9. les.
10. le.
11. au.
12. Le.
13. un.
14. la.

■ Exercice 2

1. au.
2. La.
3. un.
4. les.
5. d'.
6. le.
7. l'.
8. au.
9. d'.
10. les.

11. une.
12. du.
13. au.
14. au.
15. de.
16. des.

■ Exercice 3

1. de l'.
2. le.
3. d'.
4. de.
5. de la.
6. une.
7. du, de.
8. aux.
9. d'.
10. la.

11. de.
12. l'.

■ Exercice 4

1. un.
2. le.
3. les.
4. le.
5. de.
6. des.
7. de.
8. une.
9. au / à la.
10. un.
11. au.
12. un.
13. du.

L'ADJECTIF QUALIFICATIF ET L'ADVERBE EN *-MENT*

■ **Exercice 1**
1. indienne.
2. anglaise, allemande.
3. italienne.
4. grecque.
5. japonaise.
6. français.

■ **Exercice 2**
1. bruns.
2. jolis.
3. bleus.
4. carré.
5. gros.
6. sympathique.
7. belle.
8. ronde.
9. clairs.
10. blonds.

■ **Exercice 3**
1. grand.
2. brun.
3. actif.
4. sérieux.
5. cultivé.
6. doux.
7. émotif.
8. rousse.
9. sportive.
10. dynamique.
11. charmeuse.
12. ambitieuse.
13. gentille.
14. sensible.
15. travailleuse.

■ **Exercice 4**
1. nouveaux, beaux, originaux.
2. régionaux.
3. municipales.
4. internationaux, sociaux.
5. nationaux.
6. heureux.

■ **Exercice 5**
1. faux, fausses.
2. dur, durs.
3. forte, fort.
4. bonne, bon.
5. cher, chers.
6. bas, basse.
7. haut, haute.

■ **Exercice 6**
1. grand huit.
2. montagnes russes.
3. château hanté.
4. grande roue.
5. forêt enchantée.
6. rivière sauvage.
7. petit train.

■ **Exercice 7**
1. petite fille blonde.
2. manteau rouge.
3. grande porte grise.
4. premier bal.
5. robe rose.
6. bel homme.
7. nouvel album.
8. deux meubles blancs.

■ **Exercice 8**
1. J'habite dans un grand appartement lumineux.
2. Il se trouve au quatrième étage.
3. C'est la dernière porte à droite.
4. Il y a une petite cuisine fonctionnelle.
5. Il y a un très grand salon.
6. Il possède trois jolies chambres.
7. C'est un appartement idéal pour ma grande famille.

■ **Exercice 9**
1. brutalement.
2. très agressivement.
3. naturellement.
4. clairement.

5. distinctement.
6. sincèrement.
7. simplement.
8. sèchement.

Exercice 10
1. régulièrement.
2. longuement.
3. mollement.
4. légèrement.
5. passivement.
6. follement.
7. naïvement.
8. affectueusement.
9. doucement.
10. premièrement.
11. fraîchement.
12. fièrement.

Exercice 11
1. patiemment.
2. prudent.
3. intelligemment.
4. violent.
5. bruyamment.
6. brillant.
7. fréquemment.
8. récent.

Exercice 12
1. prudemment.
2. naïvement.
3. bruyamment.

4. follement.
5. patiemment.
6. amoureusement.
7. lentement.

BILAN

Exercice 1
1. premier film.
2. vraie réussite.
3. bon scénario.
4. dialogues amusants.
5. belle musique.
6. rythme soutenu.
7. acteurs exceptionnels.
8. cinéma français.
9. étudiant étranger.
10. institution religieuse.
11. pomme verte.
12. assiette ronde.
13. verre cassé.
14. septième art.
15. dernier film.
16. jeune réalisateur.

Exercice 2
1. trois belles princesses blondes.

2. trois jeunes garçons sympathiques.
3. deux sœurs très jalouses.
4. belle-mère folle et autoritaire / belle-mère autoritaire et folle.
5. vieille tante très gentille.
6. dix jolis oiseaux multicolores.
7. quatre petits chatons très mignons.
8. deux grands chevaux blancs.
9. château féerique, vie heureuse.

Exercice 3
1. superbe.
2. facilement.
3. sympathique.
4. gentiment.
5. seulement.
6. animées.
7. ravis.
8. tranquillement.
9. originaux.
10. prochainement.

LES ADJECTIFS ET LES PRONOMS DÉMONSTRATIFS ET POSSESSIFS

■ Exercice 1
1. Ma / Votre.
2. Leur / Mon.
3. Leurs / Ses.
4. Notre / Ma.
5. Mes / Ses.
6. Vos / Leurs.
7. Ton / Votre.
8. Ta / Leur.

■ Exercice 2
1. Vos.
2. notre / mon.
3. votre.
4. votre.
5. leurs.
6. leur.
7. ma.
8. mon.
9. mes.

■ Exercice 3
1. Cette.
2. Ces.
3. Ce.
4. Cette.
5. Cet.
6. Ce.
7. Ces.
8. Cet / Cette.
9. Ce.
10. Cet.

■ Exercice 4
1. Ce, son.
2. Ces, leurs.
3. Cet, ton.
4. Ces, ses.
5. Cette, sa.
6. Ces, leurs.
7. Cette, mon.
8. Ce, mon.

■ Exercice 5
1. cet, son.
2. cette, ses.
3. ces, leur.
4. cet / cette, ses.
5. ce, ses.
6. ces, leurs.
7. cette, sa.

■ Exercice 6
1. *c.*
2. *e.*
3. *a.*
4. *f.*
5. *b.*
6. *g.*
7. *d.*

■ Exercice 7
1. ceux.
2. celles.
3. ceux.
4. celui.
5. celle.
6. celle.

■ Exercice 8
1. ceux.
2. celles.
3. celle.
4. celui.
5. ceux.
6. celui.
7. celle.

■ Exercice 9
1. Celui.
2. celles.
3. ceux.
4. celui.
5. ceux.
6. celle.

■ Exercice 10
1. Celui.
2. celle.
3. ceux.
4. Celle, celle.
5. Celui.

■ **Exercice 11**

1. celui-ci, celui-là.
2. celui-ci, celui-là.
3. celui-ci, celui-là.
4. celles-ci, celles-là.

■ **Exercice 12**

1. *h.*
2. *e.*
3. *d.*
4. *g.*
5. *b.*
6. *a.*
7. *c.*
8. *f.*

■ **Exercice 13**

1. Le mien.
2. Le mien.
3. Les miens.
4. Les miens.
5. La mienne.
6. La mienne.
7. Les miennes.
8. La mienne.

■ **Exercice 14**

1. Tu as acheté les tiennes aussi ?
2. Vous avez gardé le vôtre ?
3. Les vôtres ne viennent pas ?
4. Tu ne laisses pas la tienne ouverte ?
5. La vôtre a une belle vue aussi ?
6. Le tien a l'air très sympathique.
7. Le vôtre était comment ? / Comment était le vôtre ?
8. Tu as des nouvelles de la tienne ?

■ **Exercice 15**

1. le vôtre.
2. la mienne / la nôtre.
3. le leur.
4. le tien.
5. Le mien.
6. la nôtre.
7. la sienne.

BILAN

■ **Exercice 1**

1. ce.
2. ce.
3. celle.
4. ces.
5. cet.
6. Ce.
7. cette.
8. ce.

■ **Exercice 2**

1. ces.
2. les tiennes.
3. les miennes.
4. celles.
5. cette.
6. Cette.
7. celle.
8. ce.
9. le tien.
10. celui.
11. le mien.
12. vos / ces.

■ **Exercice 3**

1. votre / cette.
2. la mienne.
3. la vôtre.
4. celui.
5. cette.
6. la vôtre.
7. vos.

■ **Exercice 4**

1. ces.
2. Les miennes.
3. Celles-ci / Celles-là.
4. celles.
5. celles.
6. les siennes.
7. ce.
8. cette.
9. ces.
10. Celles-ci / Celles-là.

LE COMPARATIF ET LE SUPERLATIF

■ **Exercice 1**
1. *b.*
2. *a, b.*
3. *a.*
4. *a, b.*
5. *b.*
6. *a.*
7. *b.*
8. *a.*
9. *a, b.*
10. *b.*

■ **Exercice 2**
1. plus… que.
2. aussi… qu'.
3. plus… qu'.
4. moins… que.
5. plus… que.
6. plus.
7. moins.
8. plus… que.

■ **Exercice 3**
1. plus rapide que.
2. plus de temps qu'.
3. autant de liberté qu'.
4. mieux que.
5. moins cher que.

6. meilleure que.
7. moins confortable que.
8. moins de passagers que.
9. aussi vite que.

■ **Exercice 4**
1. Ta lampe éclaire moins bien que la mienne.
2. Mon stylo écrit mieux que celui-là.
3. Ma voiture roule aussi bien qu'avant.
4. Ces lunettes te vont mieux que les autres.
5. Mon téléphone portable fonctionne mieux chez moi qu'à l'école.
6. Cet appareil mixe aussi bien que l'autre.
7. Ma télévision marche moins bien qu'avant.

■ **Exercice 5**
1. le même.
2. le même.

3. la même.
4. les mêmes.
5. au même.
6. à la même.
7. le même.
8. au même.

■ **Exercice 6**
1. le sourire le plus éclatant.
2. le regard le plus séduisant.
3. les cheveux les plus naturels.
4. la peau la plus douce.
5. les mains les plus fines.
6. la silhouette la plus élégante.
7. les dents les plus blanches.

■ **Exercice 7**
1. Il a connu les climats les plus froids.
2. Il a traversé les régions les plus isolées.

3. Il a vécu dans les montagnes les plus sauvages.

4. Il s'est arrêté dans les zones les plus dangereuses.

5. Il a voyagé sur les mers les moins calmes.

6. Il a dormi dans les endroits les moins accueillants.

7. Il a pris les risques les plus fous.

■ Exercice 8
1. le mieux.
2. le meilleur.
3. le mieux.
4. les meilleures.
5. le mieux.
6. la meilleure.

■ Exercice 9
1. Le Sahara est le désert le plus vaste de la planète.
2. L'Amazonie est la forêt la plus grande de la Terre.

3. La Sibérie est l'endroit le moins peuplé d'Asie.

4. Le Nil est le fleuve le plus long d'Afrique.

5. L'Antarctique est la région la moins visitée du monde.

6. Los Angeles est la ville la plus cosmopolite des États-Unis.

BILAN

■ Exercice 1
1. plus... que.
2. moins.
3. aussi.
4. plus de.
5. moins.
6. autant d'... qu' / plus... de.
7. moins d'.
8. aussi.

■ Exercice 2
1. plus... que.
2. plus... que.
3. moins de... que.
4. le plus.
5. mieux... que.
6. le plus.
7. plus de... que.
8. la même.
9. autant de.
10. autant de.

■ Exercice 3
1. moins de.
2. plus d'.
3. plus de.
4. moins.
5. moins.
6. plus.
7. le plus.
8. mieux.
9. plus de.
10. moins.
11. plus.
12. meilleur.
13. les mêmes.

CHAPITRE 11
LES PRONOMS PERSONNELS COMPLÉMENTS

■ Exercice 1

1. Mes amis m'ont invité à dîner samedi soir.
2. Je leur ai apporté une boîte de chocolats.
3. Ils m'ont préparé des crêpes.
4. Nous les avons dégustées avec plaisir.
5. Nous n'en avons pas laissé.
6. Ils m'ont appelé un taxi.
7. Je ne l'ai pas attendu longtemps.
8. Je les ai quittés vers minuit.

■ Exercice 2

1. ne savons pas en faire.
2. n'ai pas pu lui dire.
3. ne doit pas en boire.
4. n'avons pas eu le temps de lui parler.
5. ne veulent pas l'inviter.
6. n'ai pas envie de le voir.

■ Exercice 3

1. *b.*
2. *b.*
3. *b.*
4. *b.*
5. *a.*
6. *b.*
7. *b.*
8. *a.*
9. *a.*
10. *b.*

■ Exercice 4

1. l'.
2. les.
3. leur.
4. lui.
5. l'.
6. lui.
7. leur.
8. la.

■ Exercice 5

1. les.
2. les.
3. les.
4. les.
5. leur.
6. leur.
7. les.
8. leur.
9. leur.
10. leur.

■ Exercice 6

1. lui.
2. l'.
3. me.
4. lui.
5. l'.
6. la.
7. l'.
8. te.
9. m'.
10. me.

■ Exercice 7

1. préparée.
2. rentrées.
3. laissées.
4. prévenue.
5. oublié.
6. notée.
7. prise.
8. faits.

■ Exercice 8

1. vendue.
2. achetée.
3. refaite.

4. trouvée.

5. donnés.

6. repeints.

7. mis.

8. laissée.

9. donnés.

10. promis.

■ Exercice 9

1. en... quelques-unes.

2. n'en... qu'un.

3. n'en... aucun.

4. en... plusieurs.

5. j'en... beaucoup.

6. j'en... une.

■ Exercice 10

1. en ont honte.

2. en discutons.

3. en penses.

4. en as envie.

5. n'en suis pas surpris.

6. n'en as pas peur.

7. m'en souviens.

8. ne s'en occupe pas.

■ Exercice 11

1. n'en porte pas.

2. J'en mets un.

3. les cherche.

4. J'en ai une.

5. n'en ai pas.

6. le mets.

7. la porte.

8. l'emporte.

9. ne les aime pas.

10. J'en achète un /
Je vais en acheter
un.

■ Exercice 12

1. en.

2. l'.

3. les.

4. en.

5. en.

6. les.

7. les.

8. en.

9. les.

10. en.

11. le.

12. en.

■ Exercice 13

1. un lieu.

2. quelque chose.

3. quelque chose.

4. un lieu.

5. un lieu.

6. un lieu.

7. quelque chose.

8. quelque chose.

■ Exercice 14

1. y réfléchissons.

2. y vivre.

3. y rester.

4. n'y comprends rien.

5. n'y arrive pas /
n'y arriverai pas / ne
vais pas y arriver.

6. y aller.

7. y penser.

8. y rencontre.

9. y mange.

■ Exercice 15

1. moi.

2. toi, eux, moi.

3. vous.

4. lui, moi, lui.

5. eux, toi.

■ Exercice 16

1. font attention à eux.

2. pense à lui.

3. vous moquez d'elle.

4. se souvient d'eux.

5. rêves de lui.

6. s'occupe d'elles.

7. ont peur de lui.

8. est fier d'eux.

BILAN

■ Exercice 1

1. Je ne l'ai pas encore
visité.

2. Tu penses aller le voir
bientôt ?

3. Je n'ai pas envie d'y
aller seul.

4. Tu veux venir avec
moi et des copains ?

5. Je ne veux pas vous
déranger.

6. Tu ne nous dérangeras pas du tout.
7. On y va en voiture ?

■ Exercice 2
1. y.
2. y.
3. y.
4. les.
5. en.
6. en.
7. j'y.

8. j'y.
9. d'y.
10. en.

■ Exercice 3
1. J'en, le, l', t'.
2. l', j'en, moi.
3. lui, elle, la.
4. en, J'en, toi, l', l'.

■ Exercice 4
1. y.

2. y.
3. y.
4. les.
5. en.
6. d'elle.
7. moi / nous.
8. lui.
9. lui.
10. le.
11. m'.
12. me.
13. elle.
14. en.
15. y.

CHAPITRE 12
L'IMPÉRATIF

■ **Exercice 1**
1. Aimez.
2. Ne cherchez pas.
3. Soyez.
4. Pensez.
5. Sachez.
6. Dites.
7. Faites.
8. Ne prenez plus.

■ **Exercice 2**
1. Démarre.
2. Regarde.
3. Ne sois pas.
4. Mets.
5. Accélère.
6. ne va pas.
7. ralentis.
8. Tourne.
9. Ne prends pas.
10. arrête.

■ **Exercice 3**
1. Mettez.
2. Cassez.
3. Versez.
4. Tournez.
5. Ajoutez.
6. Laissez.
7. Faites.
8. Choisissez.

■ **Exercice 4**
1. réveillez-vous.
2. lave-toi.
3. habillez-vous, asseyez-vous.
4. Souviens-toi, dépêche-toi, ne t'arrête pas.
5. pressez-vous, rappelez-vous.

■ **Exercice 5**
1. promettons-nous.
2. revoyons-nous.
3. écris-moi.
4. téléphonons-nous.
5. ne nous fâchons pas.
6. Souvenons-nous.
7. embrassons-nous / embrasse-moi.
8. rappelons-nous.

■ **Exercice 6**
1. *a.*
2. *c.*
3. *d.*
4. *b.*
5. *f.*
6. *e.*

■ **Exercice 7**
1. Ne la perds pas !

2. Fais-le deux fois par semaine !
3. Ouvre-les chaque matin pour aérer !
4. Ne leur donne pas trop à manger !
5. N'oublie pas de le promener le soir !
6. Ne les arrose pas trop souvent !

1. *a.*
2. *e.*
3. *b.*
4. *f.*
5. *c.*
6. *d.*

■ **Exercice 8**
1. Vas-y, n'y va pas.
2. Utilise-le, ne l'utilise pas.
3. Regardez-la, ne la regardez pas.
4. Manges-en, n'en mange pas.
5. Appelez-les, ne les appelez pas.
6. Invite-les, ne les invite pas.
7. Prenez-la, ne la prenez pas.
8. Vas-y, n'y va pas.

BILAN

■ Exercice 1

1. asseyons-nous.
2. mettons.
3. fais.
4. Mets-toi.
5. essaye / essaie.
6. N'aie pas.
7. Ne sois pas.
8. Donne-moi.
9. avance.
10. Plie.
11. Ne les plie pas.
12. Continue.
13. n'écarte pas.
14. Garde-les.
15. allons-y.

■ Exercice 2

1. Réveille-toi.
2. ne te fâche pas.
3. Lève-toi.
4. viens.
5. Dépêche-toi.
6. Suis-moi.
7. ne fais pas.
8. Approche-toi.
9. ne te rendors pas.
10. ouvre.
11. regarde.
12. Va.
13. ne t'inquiète pas.

■ Exercice 3

1. veuillez.
2. Donnez-lui.
3. ajoutez-les.
4. Promenez-le.
5. n'oubliez pas.
6. tenez-le.
7. mettez-lui.
8. Caressez-le.
9. appelez-le.
10. Ne criez pas.
11. ne le frappez pas.
12. Soyez.

CHAPITRE 13
LES PRONOMS RELATIFS

■ Exercice 1

1. qui, que, qui,
   la banane.
2. qui, qui, que, qu',
   l'orange.
3. qu', qui, qu',
   le raisin.
4. que, qui, qui,
   la pêche.
5. qui, que, la pomme.

■ Exercice 2

1. Le bridge est un jeu
   de cartes qui exige
   une bonne mémoire
   visuelle et que les
   enfants n'aiment pas.
2. Le Scrabble est un
   jeu qui développe
   la connaissance du
   vocabulaire et qu'on
   pratique en famille
   ou entre amis.
3. Le jeu des sept
   familles est un jeu de
   cartes que les enfants
   adorent et qui
   consiste à composer
   des familles.

■ Exercice 3

1. qui, que.
2. qui, qu'.
3. qui, qui.

4. qui, que.
5. qui, qu'.
6. qui, qui.

■ Exercice 4

1. où.
2. où.
3. où.
4. où.
5. que.
6. où.
7. que.
8. que.
9. que.
10. où.
11. où.
12. que.

■ Exercice 5

1. *c.*
2. *a.*
3. *f.*
4. *e.*
5. *d.*
6. *g.*
7. *b.*
1. dont il est très fier.
2. dont ils rêvent.
3. dont il a besoin.
4. dont les journaux
   parlent.
5. dont elle se souvient.

6. dont il est très
   satisfait.
7. dont elle s'occupe.

■ Exercice 6

1. Finalement, ils ont
   acheté l'appartement
   dont je t'ai parlé.
2. J'ai trouvé un studio
   dont je suis très
   content.
3. Tu n'as pas pu
   trouver la villa dont
   tu rêvais ?
4. Elle a acheté un
   deux-pièces dont
   elle est enchantée.
5. C'est la maison de
   mon enfance dont
   je me souviens
   parfaitement.
6. Ils ont hérité d'un
   château dont ils sont
   très fiers.

■ Exercice 7

1. dont j'ai besoin dans
   la vie : les livres.
2. dont je suis fier dans
   cette maison : mon
   jardin.
3. dont je suis content :
   mon métier.

4. dont j'ai peur :
les serpents.
5. dont je suis toujours
surpris :
l'imagination des
enfants.
6. dont je suis souvent
déçu : les émissions à
la télévision.

BILAN

■ **Exercice 1**
1. qui.
2. qui.
3. que.

4. qui.
5. que.
6. qui.
7. qui.
8. qui.
9. dont.
10. dont.

■ **Exercice 2**
1. qui.
2. dont.
3. qui.
4. où.
5. dont.
6. dont.
7. qui.
8. dont.
9. qui.

■ **Exercice 3**
1. qui.
2. que.
3. dont.
4. dont.
5. qui.
6. dont.
7. qui.
8. qui.
9. qui.
10. qui.
11. qui.
12. dont.
13. qui.
14. que.
15. où.
16. dont.
17. qui.
18. où.

CHAPITRE 14
LA CAUSE ET LA CONSÉQUENCE

■ Exercice 1
1. Pourquoi est-ce que tu as jeté ta montre ?
2. Pourquoi est-ce que tu prends ce médicament ?
3. Pourquoi avez-vous acheté tous ces livres ?
4. Pourquoi est-ce qu'elle s'habille toujours en noir ?
5. Pourquoi est-ce qu'elle n'utilise pas son ordinateur ?

1. *b.*
2. *e.*
3. *d.*
4. *a.*
5. *c.*

■ Exercice 2
1. Il fait toujours beau et l'eau est chaude.
   Je vais souvent en Corse parce qu'il fait toujours beau et que l'eau est chaude.
2. Elles adorent marcher.
   Elles font des randonnées parce qu'elles adorent marcher.
3. Il aime trop le confort.
   Il ne fait jamais de camping parce qu'il aime trop le confort.
4. Elle a peur de l'eau et elle ne sait pas nager.
   Elle n'ose pas se baigner parce qu'elle a peur de l'eau et qu'elle ne sait pas nager.
5. Nous détestons la plage.
   Nous n'allons pas au bord de la mer parce que nous détestons la plage.
6. Ils n'aiment pas la foule.
   Ils ne partent jamais au mois d'août parce qu'ils n'aiment pas la foule.

■ Exercice 3
1. *d.*
2. *a.*
3. *f.*
4. *b.*
5. *c.*
6. *e.*

■ Exercice 4
1. Comme mon loyer était trop élevé, j'ai déménagé.
2. Comme elle a eu des jumeaux, ma femme a arrêté de travailler.
3. Comme leur entreprise a fermé et qu'il n'y avait plus d'emplois, ils ont quitté leur région.
4. Comme elle s'est mariée, elle a quitté ses parents.
5. Comme ils ne supportaient plus la vie parisienne, ils sont partis en province.
6. Comme ils avaient besoin d'argent, ils ont vendu leur maison.

■ Exercice 5
1. parce qu', qu'.
2. parce que.
3. parce qu'.
4. Comme.
5. Comme.
6. parce que.
7. Comme, qu'.

■ Exercice 6

1. <u>Il a obtenu de très bons résultats.</u>
Comme il a obtenu de très bons résultats, il a eu une récompense.
2. <u>Il a perdu son match.</u>
Il est déçu parce qu'il a perdu son match.
3. <u>Elle n'a pas son permis de conduire.</u>
Comme elle n'a pas son permis de conduire, elle ne peut pas prendre la voiture.
4. <u>Il a réussi son examen.</u>
Comme il a réussi son examen, ses amis l'ont félicité.
5. <u>Elle a gagné la course.</u>
Elle a reçu la médaille d'or parce qu'elle a gagné la course.

■ Exercice 7

1. à cause du.
2. à cause des.
3. à cause de la.
4. à cause de la.
5. à cause du.
6. à cause de l'.
7. à cause des.

■ Exercice 8

1. Grâce à la.
2. Grâce à l'.
3. Grâce au.
4. Grâce au.
5. Grâce à la.
6. grâce à.

■ Exercice 9

1. à cause de la, de la.
2. grâce au.
3. à cause des.
4. grâce à.
5. grâce à.
6. à cause du, de l'.
7. grâce au, aux.

■ Exercice 10

1. grâce à, grâce à eux.
2. grâce à, grâce à elle.
3. à cause de, à cause d'eux.
4. grâce à, grâce à eux.
5. à cause de, à cause d'elle.
6. à cause de, à cause de lui.

■ Exercice 11

1. *d.*
2. *b.*
3. *e.*
4. *a.*
5. *c.*
6. *f.*

■ Exercice 12

1. J'ai raté mon train, alors je suis rentrée tard.
2. Je n'avais pas mes clés, c'est pourquoi j'ai sonné chez mon voisin.
3. Il n'était pas chez lui, alors j'ai dû aller à l'hôtel.
4. J'y suis arrivée vers minuit, c'est pourquoi j'ai peu dormi.

■ Exercice 13

1. Il a tellement marché qu'.
2. Tu as tellement pleuré que.
3. Elles ont tellement crié qu'.
4. J'ai tellement couru que.
5. Elle a tellement mangé qu'.

■ Exercice 14

1. tellement de gens sympathiques que.
2. tellement de plages que.
3. tellement d'activités que.

4. tellement de menus que.

5. tellement de soirées que.

6. tellement d'aventures que.

■ Exercice 15

1. Béatrice avait tellement mal à la tête qu'elle est allée voir un médecin.

2. Fabrice avait tellement faim qu'il est parti acheter à manger.

3. Stéphanie avait tellement de travail qu'elle est restée à l'université.

4. Alain avait tellement envie de sortir qu'il n'a pas pu refuser.

5. Annie avait tellement sommeil qu'elle est allée se coucher.

BILAN

■ Exercice 1

1. Comme sa valise était trop lourde, elle a dû payer un supplément.

2. Il y avait tellement de monde que je n'ai pas trouvé mes amis.

3. Je n'ai pas eu de billet parce que le vol était complet.

4. Le temps était tellement mauvais qu'on a décollé avec quatre heures de retard.

5. Comme les hôtesses ne disaient rien, les passagers s'impatientaient.

6. Les pilotes étaient en grève, c'est pourquoi j'ai reporté mon voyage.

■ Exercice 2

1. Parce que.
2. à cause de.
3. comme.
4. qu'.
5. à cause de.
6. parce que.
7. Grâce à.
8. parce qu'il / car.
9. alors / c'est pourquoi.
10. à cause de.

■ Exercice 3

1. Comme.
2. que.
3. grâce à.
4. Parce que.
5. que.
6. à cause de.
7. alors.
8. tellement de... que.
9. parce que / car.

CHAPITRE 15
LE SUBJONCTIF PRÉSENT

■ Exercice 1
1. S.
2. I / S.
3. S.
4. S.
5. I / S.
6. I / S.
7. I.
8. I.

■ Exercice 2
1. dormes, dormiez : dormir.
2. voulions, vouliez : vouloir.
3. écrivions, écrive : écrire.
4. fassions, fasse : faire.
5. prenne, preniez : prendre.
6. finissiez, finissions : finir.
7. allions, aille : aller.
8. buviez, boive : boire.
9. sois, soyons : être.
10. dise, dises : dire.
11. aie, aient : avoir.
12. puissions, puissent : pouvoir.
13. voyions, voies : voir.
14. sachions, sachent : savoir.

■ Exercice 3
1. me téléphones.
2. m'invites.
3. ailles.
4. sois.
5. aies.
6. me fasses.
7. saches.
8. viennes.

■ Exercice 4
1. *d.*
2. *c.*
3. *f.*
4. *b.*
5. *a.*
6. *e.*

1. tu fasses des efforts.
2. je sois plus dynamique.
3. vous vous reposiez.
4. nous soyons plus calmes.
5. qu'elle prenne son temps.
6. tu penses aux autres.

■ Exercice 5
1. achètes.
2. aies.
3. prenne.
4. soit.
5. choisisses.

6. fasses.
7. tiennes.
8. cliques.

■ Exercice 6
1. déranges.
2. répondes.
3. viennes.
4. ouvriez.
5. fassiez.
6. empêchiez.

■ Exercice 7
1. penses à moi, m'écrives, me rapportes, ne m'oublies pas, un souvenir.
2. me téléphoniez souvent, restiez ensemble, ne perdiez pas votre argent, ne fassiez pas de bêtises.

■ Exercice 8
1. aura.
2. vienne.
3. seront.
4. fasse.
5. ait, soit.
6. pleuve, puissions.

▪ Exercice 9

1. Je ne suis pas contente qu'il soit toujours en retard.
2. Ça m'énerve qu'il ne fasse jamais rien.
3. Ça m'inquiète qu'il dorme sans arrêt.
4. Ça me fait peur qu'il conduise très vite.
5. Ça me désole qu'il ait toujours des problèmes.
6. Ça ne m'amuse pas qu'il perde toujours tout.

▪ Exercice 10

1. soit.
2. vive.
3. soient.
4. ne voie.
5. ne fasse.
6. n'entende.
7. ne reçoive.
8. sorte.
9. ne dise.
10. porte.

▪ Exercice 11

1. Elle se réjouit d'avoir un long week-end à Paris.
2. Elle est ravie que sa sœur vienne avec elle.
3. Elle est contente que ses amis soient libres.
4. Elles ont de la chance de pouvoir habiter chez eux.
5. Elles sont heureuses qu'ils organisent une soirée pour elles.
6. Elles adorent rencontrer de nouveaux amis.

BILAN

▪ Exercice 1

1. accueillir.
2. vous plairez.
3. prenne.
4. puissiez.
5. soyez.

6. arriviez.
7. fasse.
8. se passera.

▪ Exercice 2

1. soient.
2. arrivent.
3. viennent.
4. aient.
5. prennent.
6. mettre.
7. leur apprendre.
8. me batte.
9. les punir.
10. marchera.

▪ Exercice 3

1. viennes.
2. sois.
3. reste.
4. aies.
5. finira.
6. pourrons.
7. ne bouge pas.
8. me dise.
9. parlions.
10. soit.
11. t'appeler.

Achevé d'imprimer en France par Dupli-Print à Domont (95)
Dépôt légal : juin 2015 – Collection n° 24 – Édition 10
N° d'impression : 2015043780
15/5148/0